JN090487

パラアスリートたちの挑戦 1

進化する道具で挑戦！

越智貴雄・写真／文

童心社

進化する道具で挑戦！

………………………………… 目次

車いすで挑戦！

車いす「レーサー」・義足で挑戦！

まえがき

　パラリンピックでは、車いすや義足などの道具を使用するスポーツがたくさんあります。

　車いすは、競技によって形状がそれぞれ異なります。ラグビー用の車いすは、車いす同士のタックルが認められているので、とてもがんじょうに作られていて、重さは20Kgもあります。車いすがぶつかり合うときには火花が出るともいわれています。陸上用の車いすは、空気抵抗を受けにくいように設計され、かつスピードが出るようにとても軽量化されています。

　義足は、速く走ることに特化したもの、走り幅跳び、トライアスロン、自転車と、それぞれ異なった義足を使用します。なかには、キラキラしたものやおしゃれなデザインがほどこされた義足を使用する選手たちもいます。

　視覚に障がいがありアイマスクを使用する選手のなかには、アイマスクに「お父さん、お母さん、愛している」というメッセージや、国旗や星などの図柄を刺繍している選手もいます。

　パラリンピックは技を競い合う場所ではありますが、道具で自身の思いや個性を表現する舞台でもあるのかもしれません。

越智貴雄

車いすで挑戦！

競技の激しさから「マーダーボール（殺人球技）」と
呼ばれていた歴史がある、車いすラグビー。
パラリンピック競技で唯一、
車いすによるタックルが認められており、
車いす同士が衝突する音がコート中に鳴りひびきます。
ハードな競技にたえうる15kg〜20kgの重さの
車いす（通称"ラグ車"）を使用します。

車いすラグビー
激しくぶつかり合う
"車いすの格闘技"

衝撃にたえるための車いす

予備のタイヤもたくさん用意する。タイヤをおおう
スポークカバーの素材は強化プラスチック。

突き出したバンパーで真正面から相手に
ぶつかっていき、トライをねらうエースの
動きをシャットアウト！

ブロッカー（守備）

守備用車いす。防御のため前部にバンパーがある。

選手が乗る車いすは、激しいぶつかり合いで宙
に浮いたり、転倒することもあり傷だらけで
す。素材はアルミニウム製やチタン製です。
　チームには「アタッカー（攻撃）」と「ブロッカー（守
備）」の選手がいます。アタッカーの車いすは、相手
のブロックをよけて狭いスペースでも機敏に動ける

厚手のグローブをつける。すべり止めは松ヤニだ。

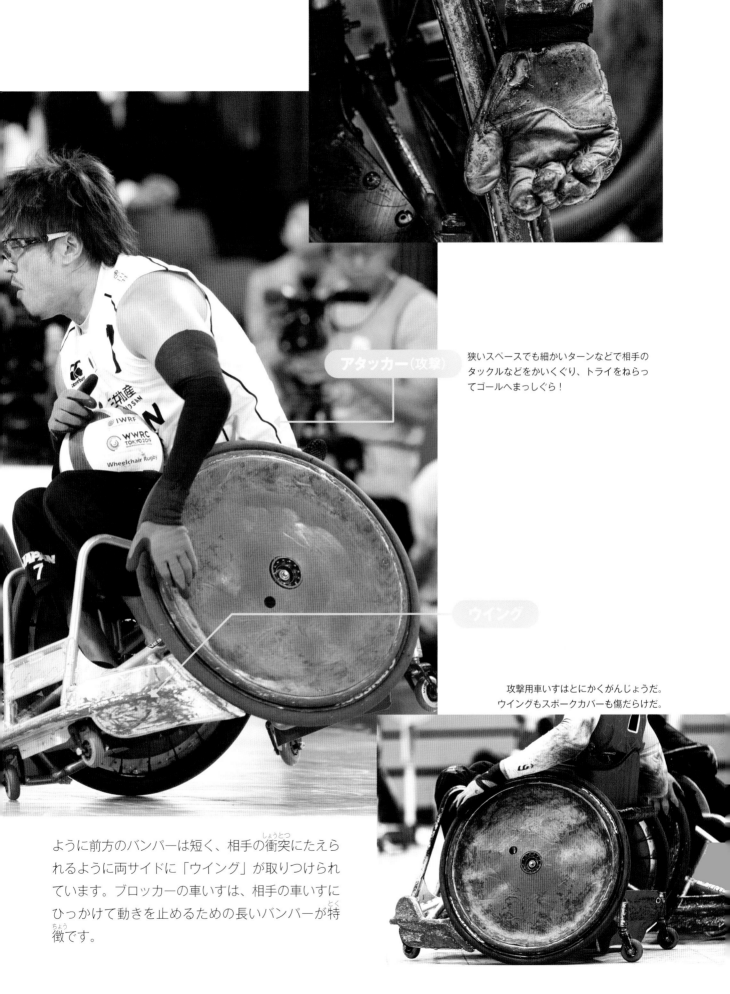

アタッカー（攻撃）
狭いスペースでも細かいターンなどで相手の
タックルなどをかいくぐり、トライをねらっ
てゴールへまっしぐら！

ウイング

攻撃用車いすはとにかくがんじょうだ。
ウイングもスポークカバーも傷だらけだ。

ように前方のバンパーは短く、相手の衝突にたえら
れるように両サイドに「ウイング」が取りつけられ
ています。ブロッカーの車いすは、相手の車いすに
ひっかけて動きを止めるための長いバンパーが特
徴です。

女子選手も参加できる。持ち点はマイナス0.5点で計算される。

車いすラグビーは、四肢に障がいのある人向け
に考えられた競技です。バスケットボールと
同じ広さのコートで行われ、ボールは公式専用球（バ
レーボール5号球をもとに開発された）です。選手は障
がいの程度に応じて持ち点があり、障がいの重い0.5
から軽い3.5まで0.5点きざみの7段階に分けられま
す。持ち点が高い選手（障がいが軽い）がハイポイン
ター（攻撃型）、持ち点が低い選手（障がいが重い）が
ローポインター（守備型）として、1チーム4人の合計
が8.0点以内になるように考えて選手を起用します。

車いす同士の激しいぶつかり合い。転倒（てんとう）することもある。

パラリンピック競技中
唯一（ゆいいつ）
車いすでのタックルが
認（みと）められている

　1ピリオド8分の試合を4回行い、合計得点を競います。攻撃側は40秒以内にトライしなければなりません。ボールを持った選手の乗る車いすの2つの車輪が、トライライン上に達すると得点となります。

　ボールを持った選手は、10秒以内に1度はドリブルをしなければなりません。一般（いっぱん）のラグビーとはちがい、前方へのパスができます。ペナルティーをとられた選手は、1分間または相手チームが得点をあげるまでペナルティーボックスに入り、プレーできません。

中央選手のトライをはばむ、両サイドの選手たち。

両サイドの日本人選手が、オーストラリア選手の車いすをはさみこみ、トライを止めたスーパープレー。

車いすバスケットボールは、脊髄損傷(せきずいそんしょう)や切断など下肢(かし)に障がいがある選手が活躍する、車いすならではのスピード感が魅力の人気競技です。使用するボールや、コートの大きさ、ゴールの高さ、試合時間など、ルールは一般のバスケットボールとほぼ同じです。

車いすとボールを同時に自在にあやつり、一般のバスケットボールと同じ高さのリングに難なくシュートし、スリーポイントを決める選手たち。身体能力の高さと、きたえぬかれた腕力(わんりょく)はまさにアスリートといえるでしょう。

一般(いっぱん)のバスケットボールと同じ高さのリングに難(なん)なくシュート

車いすバスケットボール

ゴール下での激しい攻防戦は、車いす同士のスペースの争奪戦でもある。いかに相手よりも
早くシュートしやすい位置をとり、体勢を整えるか。いかにシュートできない体勢にもちこ
み、ゴールから遠ざけるか。そこには鍛錬された巧みな技と技のぶつかり合いがある。

障がいの程度で決まる持ち点を組み合わせてチームを作る

障がいの程度や身体能力による「持ち点制」が採用されている車いすバスケでは、障がいの軽い選手（ハイポインター）にも重い選手（ローポインター）にもそれぞれの役割があり、全員が重要な戦力。各選手の特徴を引き出した戦略が勝敗を分ける大事な要素となる。

高さなど、選手一人ひとりに合わせて作られている。

背もたれ

タイヤ

直径は最大69cm。八の字型に傾斜がつけられている。

一般のバスケットボールと同じく、相手のファウルを誘うプレーも重要なスキルの一つ。たとえ高さでおとっていても、カットインしてインサイドにアタックすれば相手のファウルを受けフリースローを得ることができる。

ティップオフ（ジャンプボールのこと）で試合が
スタートするのは一般のバスケットボールと変
わらない光景。コートの大きさもゴールの高さも
同じで、オリンピックと同様に華やかなボール競
技としてパラリンピックでも大人気だ。

キャスター
転倒防止用についている。

ベルト 身体を固定する。

素材 軽くてじょうぶな
アルミニウムやチタン製。

バンパー 車いすの強度をあげ、足を守る
役割もある。高さは床から11cm
と決められている。

１チーム５人制です。選手には障がいの程度に
よって与えられた「持ち点」があります。障がい
の重い1.0から障がいの軽い4.5まで0.5きざみに分
けられ、コート上の５人の持ち点が合計14.0点以内
になるよう選手を起用します。1.0〜2.5をローポイ
ンター、3.0〜4.5をハイポインターといいます。
　車いすの車輪の1こぎを「1プッシュ」といい、一

般のバスケットボールの1歩と同じ意味です。ボー
ルを保持したまま連続で3プッシュ以上こぐと「ト
ラベリング」という反則です。
　「ダブルドリブル」はありません。2プッシュ以内
にドリブルをすれば、再び車いすをこぐことがで
き、これを何回もくり返すことができます。

少しでも高さを出すために車いすごと片側の車輪を浮かせる
「ティルティング」という高度な技がたびたびくり出され、見どころの一つとなっている。

背番号4のアメリカの選手が、ものすごいスピードで相手のディフェンス
に突っこみ、ぶつかる！……と思った瞬間にディフェンスをかわし、大き
く車輪を浮かせながら右手でドリブルを続け、そのままシュート！　見事
にゴールを決めた。

車輪を浮かしたプレーは
きたえぬかれた体幹バランスが
可能にする

ハイポインター同士の激しい攻防戦は必見で
す。なかでもしっかりと体幹を使うことので
きる選手は、より高さを出すために片側の車輪を
浮かす「ティルティング」という技を使いながら、
シュートをしたり、ディフェンスをしたりするので、
注目して見てみましょう。

　ローポインターは、ハイポインターと相手ディ
フェンダーとの間に入り、シュートをねらうハイポ
インターから相手ディフェンダーを遠ざける役割が
あります。ハイポインターの得点シーンには、こう
したローポインターの陰の支えがあるのです。

2018年世界選手権、決勝でリオパラリンピック金メダルの
アメリカを破り、世界チャンピオンに輝いた男子イギリス
代表。優勝チームだけに許される恒例の"ネットカット"で
喜びを爆発させるイギリス人選手たち。

車いすテニス競技用の車いすの特徴は、転倒防止用の
キャスターがついていること、タイヤは八の字型に角度
をつけていること、背もたれがないことです。
テニスの技術はもちろん、車いすを思いどおりにあやつ
る技術を習得することがとても重要な競技です。いかに
すばやく、正確に車いすを操作して、ボールの落下点に
入ることができるかで勝敗が決まります。

車いすテニス

車いすを思いどおりに
あやつる技術がとても重要

海外ツアーが多い車いすテニスでは、世界トップクラスともなると、1年の
ほとんどを海外で過ごしている。世界4大大会（グランドスラム）での優勝と
パラリンピックの金メダルを最大の目標に、世界中を転戦している。

ツーバウンドでの打ち返しが可能 その他はすべて 一般のテニスと同じだ

コートの大きさ、ネットの高さ、使用するラケットやボールなどは、一般のテニスと同じです。ただし、ツーバウンドで打ち返すことが認められています。

　男子、女子はシングルスとダブルス、クアード（足と上半身に障がいがある選手）は男女混合で、シングルスとダブルスがあります。

　クアードの選手は、握力がない場合、テーピングをしてラケットと手を固定させることができます。

一昔前までバックハンドではスライス（ボールに上から下の回転をかけること）が主流だったが、現在では世界トップの男子選手はトップスピン（ボールに下から上の回転をかけること）の習得は常識となっている。最近では女子にもバックハンドのトップスピンを打つ選手がふえ始めている。

世界トップクラスの選手は、相手がボールを打つ前に打球の方向や落下地点を読んで動き始めている。打球の跳ね返りを計算し、微妙な修正を加えながら、どの位置に車いすを走らせるか、瞬時の判断力が必要となる。

車輪が動かないようにバランスを取りながら、
一般のテニスと同じネットの高さを越えるように打たなければならないサーブは至難の業だ。

テニスの世界4大大会でも
プロの車いす選手は活躍している

今では世界のトップスターとなった国枝慎吾選手も、最初から強かったわけではない。何度もくやしい思いをしながら、元来の負けずぎらいな性格を発揮し、練習に打ちこんだ。すべては「世界のナンバーワン」になるために……。

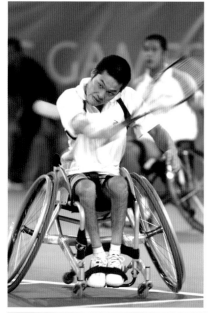

2016年リオデジャネイロパラリンピックでは銅メダルを獲得した上地結衣選手。2017、2018年には全仏オープンでシングルス連覇を達成した。

2008年北京、2012年ロンドンと車いすテニス界では史上初めてパラリンピック連覇を達成した国枝慎吾選手。現在も世界トップの技術を持ち、その強さは健在。

車いすに乗りながら、安定したショットやサーブを打つことができるのは、日ごろから選手たちが体幹などをきたえている証拠です。

相手がどんな球を打ち返してくるのか——相手の動きやラケットの位置、試合の展開の先を読み、次にくるボールのコースを予測してプレーしています。

試合中に車いすのブレーキを使ったり、足を使って車いすを止めることは禁止されています。車いすがボールにふれたり、打つときにでん部（お尻）が車いすから浮いてしまったら失点です。

「アレ（始め）！」目にもとまらぬ剣さばき
すばやく力強く一瞬の激しい攻防戦

車いすフェンシング

1960年パラリンピック第1回大会から行われ
ている競技です。下肢に障がいのある選手
が対象の競技で、男女別に「フルーレ（胴体のみの突
き）」「エペ（上半身の突き）」「サーブル（上半身の突き
と斬り）」の3種目があり、それぞれ障がいの種類や
程度に応じて2つのクラスに分かれて競います。

〈カテゴリーＡ〉障がいの程度が軽い。体幹のバラ
ンスを保てる。上半身を自由にコントロールして戦
うことができる。

〈カテゴリーＢ〉障がいの程度が重い。前後に身体
を動かすことが難しい。腕や上半身に障がいがある
選手もふくまれる。

ピストに車いすが固定されフットワークが使えな
いからこそ、決して戦いの場から逃げることが許
されない車いすフェンシング。マスクのなかに宿
る鋭い目の剣士たちの戦いは一瞬も目をはなす
ことができない。

クッション 高さは10cm以下と決められている。でん部がはなれると反則。

身を乗り出せるように片側にだけある。 **持ち手**

ピスト
タイヤは留め金で、前輪キャスターはベルトでしっかりと固定する。

車いす間の距離
腕の短いほうの選手に合わせる。

ケーブル
ユニフォームや剣につなげて、電気審判器で得点を判定する。

[右] 相手が攻めてきたらよけるか、剣で防ぐか。車いすフェンシングは、常にかけひきの応酬が行われる頭脳戦でもある。
[左] エペの試合のようす。下半身にスカートをつけて、剣が当たっても電気審判器のセンサーが反応しないようにしている。

車いす「レーサー」・義足で挑戦！

競技用義足は、カーボンファイバー製^{せい}。
競技用車いす「レーサー」は、軽量でスピードが出るように研究・開発されている。

陸上競技

義足・義手・競技用車いす……
さまざまな道具を使いこなして
挑戦する選手たち

トラック競技（短距離、中距離、長距離、リレー）、フィールド競技（走り高跳び、走り幅跳び、やり投げ、砲丸投げ等）、マラソンの３つの競技があります。

男子・女子のほか、障がいの種類や程度によって「視覚障がい」「知的障がい」「脳性まひ（車いすまたは投てき台・立位）」「切断・機能障がい（車いすまたは投てき台・立位）」「下肢の切断」のグループに分けられます。

選手がつける義足は、身体の一部として「走る」「跳ぶ」動きを支える。カーボン製の板を曲げた形で、反発力がある。義手は、スタートのときの補助や、走っているときの身体のバランスを保つ役割をする

車いすマラソンは、競技用車いす「レーサー」で42.195㎞を走る。2019年12月末時点での男子の世界記録は1時間20分14秒（平均時速30㎞以上）という驚異的な速さだ

上肢に障がいのある選手は義手を装着して競技を行うことができる。義手をつけない選手は、片手と両足の「3点スタート」となるが、義手をつけることでクラウチングスタート（4点スタート）が可能となる。また、走る際の左右のバランスをとる役割もになう。

「ブレード」とも呼ばれる競技用義足は、「走る」「跳ぶ」ことに特化して作られています。素材はカーボン製で反発力がありますが、ゆるやかにカーブした形なのでバランスをとることが難しく、使いこなすには腹筋・背筋はもちろんお尻の筋肉もきたえる必要があります。

全身の筋肉をきたえ
ブレード（競技用義足）を使いこなす

大腿義足
膝上から失った場合に使用する義足。

スパイク
スタート時やジャンプのふみきり時に、ぐっと力が入る。いろいろな種類がある。

板バネ足部
軽くて強度があり、反発力の高いカーボン製。

短距離のトレーニングが走り幅跳びの助走にも活かせることから、100mや200mと、走り幅跳びの両方にエントリーする選手は少なくない。また、近年では同じ義足でも「短距離走用」と「跳躍用」で作り分けられるようになっている。

ソケット
足の形に合わせて作る。吸着性を高めるためソケット内を真空にするタイプ。

膝継手
膝関節の代わりとなる。いろいろな種類がある。

パラリンピックでも「世界一の最速アスリート」を決める100mは花形種目の一つ。100m決勝レースでは、会場中の視線がファイナリストたちに注がれ、緊張感が走る。わずか10秒前後のパフォーマンスに酔いしれるさまはオリンピックと同じだ。

下腿義足
膝下から失った場合に使用する義足。

ソケット

スパイク

競技用義足は、地面からの反発力を受けることで推進力や跳躍力を生み出している。しかし、競技用義足を使いこなすことは至難の業。反発力にたえうるだけの筋力と、推進力や跳躍力に変える高度な技術があって初めて美しい走りやジャンプが実現する。

板バネ足部

アダプター
ソケットと板バネ足部をつなげる。

できるだけ空気抵抗を少なくするため、前を行く選手の真後ろについてレースをする。どのタイミングで前へ出るか、かけひきが行われる。

下肢に障がいがあるため、使えるのは上半身のみ。そのため、選手たちは日ごろのトレーニングで腕や体幹などをきたえ上げている。筋骨隆々のさまは、まさにアスリートの姿そのものだ。

車いす競技はレーサーと呼ばれる
3輪の車いすを使って行われる

競技用車いす「レーサー」 日常用車いすとは形も素材も異なる。
スピードを出すことに特化した競技用車いす。

後輪

カーボン繊維強化プラスチック製。軽くてがんじょうだ。

ハンドリム

車輪を回すためのもの。前へ押して回す。

車体

選手の障がいの程度や体格に合わせて作る。

トラックレバー

トラック競技でコーナーをまわるときに使う。ハンドルを使わずに方向を操作できる。コーナーに入るときはトラックレバーを操作して前輪を曲げ、コーナーを出るときにまっすぐにもどす。

姿勢

座席に乗るときは座るか、正座をするような姿勢になる。

ハンドルとブレーキ

マラソンなどコースが変わっていくときに方向を調節する。

できるだけ空気抵抗をへらすため、障がいの程度によって可能な限り体勢を低くしてこぐことが求められる。

車いすレースでは、短距離はスタート後、いかに早くトップスピードにもっていくことができるかが勝負のカギです。

中距離、長距離では、走るコースの位置取りが重要です。内側か外側か、どの選手の後ろにつくか、勝負をしかけられたときに反応できる位置にいるか、いかに相手を前に入れさせないかなどの戦略を立てます。ラストスパートの高速勝負も見どころです。

「車いすのF1」とも呼ばれている車いすレースでは、世界トップレベルになると時速30km以上出ることも。ロードを走る車いすマラソンでは、下り坂ともなると時速50kmを超えることもあり、そのスピード感に魅了される人は少なくない。

選手の目となるガイドランナー（伴走者）
フィールドにはタイミングを伝える
コーラーがいる

［上］右腕に障がいがあるが、じゅうぶんに動かせる左腕で記録に挑戦するやり投げの選手。
［下］片足だけの跳躍で、軽がるとバーを跳びこえる。義足を使わない走り高跳びの選手。すばらしい身体能力だ。

「視覚障がい」では、選手の伴走をするガイドランナーや、走り高跳び、走り幅跳びなどのフィールド競技の際に、走ったり投げたりする方向や跳ぶタイミングなどを声や拍手で選手に伝えるコーラーなど、選手を支える人たち（アシスタント）がいます。ガイドランナーと走る場合は、ゴールに

ひもの長さで選手とガイドランナーとの距離を調節し、選手が走りやすい距離を保ちながら走ることも重要。歩幅や走るリズムなど、選手とガイドランナーがいかに息を合わせられるかによって勝敗に大きく影響する。

スタートからゴールまで「二人三脚」で走る選手とガイドランナーは「一心同体」。そのため、パラリンピックでは選手が表彰台に上がる成績を出した場合、ガイドランナーにも選手と同じメダルが贈られる。

号砲とともに選手とガイドランナーが息をピタリと合わせてすばやくスタートを切るのは至難の業。日ごろの練習によって、お互いがお互いを知り、最も早くスタートを切れる方法を模索して本番にのぞむ。

は選手が先に入らなければなりません。
　視覚障がいの選手がガイドランナーと走るとき、輪になったひもを持ちあったり、手と手をひもで結んだりしています。ガイドランナーは一定の距離を保ちながら、選手が走る方向を示します。まさに「二人三脚」の競技です。

　視覚障がいの選手のフィールド競技では、コーラーの声や拍手する合図の音が選手に聞こえるように、選手がスタート位置についたら静かにするのがマナーです。

おしゃれな アイマスク

陸上競技「視覚障がい」クラスで、全盲など視力が弱い クラスの選手は、見え方を公平にするためアイマスクを つけなければなりません。そして、目の代わりをするアシ スタント（ガイドランナー＝伴走者、コーラー、エスコート）と いっしょに競技を行います。

アイマスクは、画一的なものが多かったのですが、近 年は個性的なものをつける選手がふえてきました。選手 の人柄が伝わってきて、見ているだけで楽しくなります。

1960年第１回パラリンピックローマ大会から行われています。
一般の水泳と同じプール、スタート台を使用します。
「のこされた機能を最大限にいかす」というパラリンピックの精神
が、もっともよく表れている競技です。
クラス分けは種目別に、Ｓ（自由形、背泳ぎ、バタフライ）SB（平泳ぎ）
SM（個人メドレー）に分かれ、障がいの種類と程度により、1〜10（機
能障がい／切断、脳性まひなど）11〜13（視覚障がい）14（知的障がい）
15（聴覚障がい）21（S10、S13よりも軽い障がい）に分かれます。

水泳　それぞれの泳ぎのスタイルで 力強く泳ぎ記録に挑戦する

選手たちはそれぞれの障がいによって、泳ぎ方を工夫し、タイムを
伸ばそうと試行錯誤しながら努力を重ねた先にたどり着いた最適な
泳ぎ方で、100分の1秒をライバルと争っている。

タッピングバーで合図される選手。
選手のスピードに合わせてタイミングよく合図を送れるかどうかが重要。
選手とタッパーとのコンビネーションも勝負を左右するポイントとなる。

視覚障がいの選手にとって、コースロープは方向を見失わず、まっすぐに泳ぐための重要な道しるべとなっている。また、全盲クラスでは公平性を保つために光を完全に遮断した黒塗りのゴーグルをつけることが義務づけられている。

プールの壁にぶつからないよう
ターンとゴールは「タッピング」で合図する

「視覚障がい」の選手がプールの壁にぶつからないように合図を送ることを「タッピング」といいます。各コースのターンとゴール側には、タッピングバーで合図する人（タッパー）がいます。合図のタイミングが合わないと、ターンやゴールのタッチがおくれて勝敗を分けることもあります。

視覚障がいの選手は、日ごろからまっすぐ泳ぐトレーニングをしています。コースロープを頼りにすることもありますが、あまり強くロープにぶつかるとスピードが落ちてしまいます。スタート台からの飛びこみは自分の感覚のみで行っています。

スタート台に立つことができない選手は、はじめからプールに入った状態でスタートすることができます。両腕を使うことができない選手は、スタート台からタオルをたらしてもらい、それを口にくわえ、合図でタオルをはなしてスタートします。

一人として同じ障がいの選手はいない
障がいのちがいが泳ぎ方のちがいを生む
工夫して前へ前へ進む

　まっすぐに泳ぐ――その技術を習得するために、選手一人ひとりが試行錯誤を重ね、時間をかけて練習をします。視覚障がいの選手が、まっすぐに泳ぐことがどれだけ難しいことかわかるでしょう。

　左右どちらかの腕や足に欠損がある、あるいはまひがある選手の場合、水のかき方、蹴り方に左右で差が生じます。バランスを考えた自分だけのオリジナルな泳ぎ方を見つけるまで努力を重ねるのです。

選手それぞれ使える機能をすべて
使って泳いでいる。中央の片足切断
のナタリー選手（南アフリカ）は北京
五輪にも出場したすごい選手だ。

2019年世界選手権で、知的障がいクラスに出場した
2人の日本人選手は世界記録を出して金メダルに輝いた。

お互いの健闘をたたえ合う選手たち。

あとがき

　パラリンピックの魅力(みりょく)の一つは、道具と人の結びつきです。

　競技の記録を伸(の)ばすために、戦いに勝つために、より軽く、よりじょうぶに、より速く、より遠くへ、そしてよりカッコよく、よりオシャレに、道具は世界中で、今も日々進化し続けています。そしてその進化した道具を上手に使いこなすためには、使う側の人間も日々進化し続ける努力が必要になってきます。まさに道具と人の結びつきが不可欠なのです。

　2012年のロンドンパラリンピックで忘(わす)れられない出来事がありました。走り高跳びの鈴木徹(すずきとおる)選手を撮影(さつえい)したとき、ジャンプの瞬間(しゅんかん)に義足の部分に血管が浮(う)き出るのがカメラのレンズ越(ご)しにハッキリと見えたのです。でも実際は、義足なので血管があるわけがないのですが、それくらい血が通って見えたのです。競技の道具と人の体が、こんなにシームレスに一体となってつながることがあるんだなあと、とても驚(おどろ)いた事は今でも強く心に残っています。

越智貴雄

さくいん

越智 貴雄 ●おち たかお

1979年大阪府生まれ。大阪芸術大学写真学科卒業。
2000年からパラスポーツの取材に携わり、競技者としての生きざまにフォーカスする視点で撮影・執筆を続けている。他にも、義足のファッションショーや写真展、トークショー等の開催や、ラジオやテレビ出演など多方面にわたって活動している。写真集『切断ヴィーナス』『あそどっぐの寝た集』（共に白順社）。一般社団法人カンパラプレス代表理事。

執筆協力 ──────── 斎藤寿子（さいとう・ひさこ）
新潟県出身。大学卒業後、編集プロダクションなどを経て、2006年よりスポーツ専門ウェブサイトのライターとなる。2011年からパラリンピック競技の取材を開始。パラリンピックは2012年ロンドン、16年リオデジャネイロ、18年平昌の3大会を取材。2015年からはフリーランスのスポーツライターとして活動している。

撮影協力 ──────── 前川 楓（チーム KAITEKI）

協力 ──────── 公益財団法人 日本障がい者スポーツ協会

パラアスリートたちの挑戦①

進化する道具で挑戦！

2020年3月19日　　　第1刷発行

写真・文 ──────── 越智貴雄
ブックデザイン ──────── 須藤康子
DTP ──────── 由比（島津デザイン事務所）
発行所 ──────── 株式会社　童心社
〒112-0011　東京都文京区千石4-6-6
電話　03-5976-4181（代表）03-5976-4402（編集）
印刷・製本 ──────── 図書印刷株式会社

©Takao Ochi 2020 Published by DOSHINSHA Printed in Japan
ISBN978-4-494-01857-4　NDC780　30.3×21.6cm　47P